E Aí, Bicho?

Para os meus filhos, Pedro e Bruno, que, mesmo crescidos, continuam amando e respeitando os animais.

E Aí, Bicho?

Luís Ernesto Lacombe

Ilustrações: Ana Terra

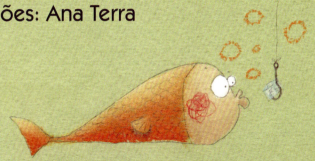

A ZEBRA

Tem crina e cascos, como um cavalo.
Bicho lindo... Não pense em montá-lo!
Ele tem jeito de pangaré,
mas cavalo, cavalo não é.

É selvagem, não aceita sela.
Vive em bandos e de sentinela.
Quando há perigo, dispara, voa,
correndo do leão, da leoa...

O pelo da zebra é tão bonito,
todo desenhado, pelas ancas,
no pescoço, nas patas, paletas...

Mas o correto nunca foi dito:
a zebra é preta com listras brancas,
ou ela é branca com listras pretas?

O ELEFANTE

Tem um nariz comprido, que também é braço,
um nariz que é canudo e mão... Corpo gigante!
Tão grande e gordo, imenso, ocupa muito espaço...
Pois dizem que incomoda e é deselegante.

Pele cinza, enrugada, olhar tão intrigante...
Gosta de lama, de água, se vem o cansaço,
as quatro patas param, para o elefante,
pois ele é grande e forte, mas não é de aço.

E, se ele fica bravo, as orelhas balança.
Às vezes mexe a tromba, como numa dança,
de um lado para o outro, parece tão triste...

Mas pense num sorriso feito de marfim,
num elefante alegre, tão imenso assim,
pois do tamanho dele nenhum outro existe.

A GIRAFA

Se jogasse basquete, seria imbatível!
A girafa é tão alta, é comprida, esticada.
Tem cinco metros e um pescoço tão incrível,
e uma vista, eu diria, bem, privilegiada...

A girafa vai longe, até o inatingível,
come as folhas mais altas, e come calada,
a folha mais gostosa, a mais alta, impossível...
Mas a sede só mata ficando agachada.

Ela atira o pescoço, abre as patas da frente.
Pode ser atacada; algum medo ela sente,
mas as outras ajudam, vigiam, espreitam.

O perigo maior, as girafas suspeitam,
é uma dor que derruba, derruba a giganta,
é terrível demais: é a dor de garganta!

O MACACO

O macaco é nosso parente.
Por isso, tem coisa de gente.
Chipanzé, gorila, sagui,
mandril, bugio, muriqui.

Tem todo o tipo: babuíno,
macaco-aranha, tamarino,
macaco-preto, cabeludo,
tem o "de-cheiro" e o barrigudo.

O macaco é nosso parente,
e tem tanta coisa da gente...
Ele tem mãos, tem mão no pé.

Tem quatro mãos; não tem chulé!
É nosso parente, eu já disse...
Tanto macaco e macaquice...

O CAMELO E O DROMEDÁRIO

O camelo parece um dromedário.
Dromedário tem tanto do camelo.
Suportam o calor incendiário,
a sede, a fome, sem ter pesadelo.

São dias sem beber, se necessário,
andando sem parar, com tanto pelo!
Cruzam desertos, vai o dromedário.
Como conseguem? Vem, vem o camelo.

A corcova é o segredo que eles têm,
a fonte de energia que os mantém.
Mas, diga, diferença existe alguma?

Atenção! Veja só, repare bem:
duas corcovas o camelo tem,
o dromedário tem apenas uma.

A COBRA

Cobras e lagartos dizem delas,
traiçoeiras, venenosas, más...
Mas, afinal, então, quem são elas?
Não, as cobras não são satanás...

Ser cobra num assunto, aliás,
é coisa tão boa, das mais belas.
Não, as cobras não são mesmo más...
São de tantas cores, de aquarelas,

a cobra-verde, preta, a coral,
cobra-de-vidro, d'água, cipó,
querem viver em paz, ficar só.

Cada um no seu canto, afinal,
e ninguém mais será tão cruel,
nem a jararaca e a cascavel.

O URSO

O Urso Pardo medo não tem.
Ele é um enorme solitário.
Adora mel, mais que ninguém.
No inverno, dorme, sem horário...

O Panda é sozinho também.
Preto e branco, é extraordinário.
Broto de bambu, quando tem,
o Panda come, sem horário...

E tem um grande pescador:
o Urso-Polar, da cor da neve.
Há outros ursos (quantos são?)

que tanto precisam de amor,
de uma vida longa e não breve,
de mais respeito e proteção.

O JACARÉ

Queria saber de onde vem?
De um ovo na margem do rio,
de lago e lagoa também,
de um ovo, de um ninho sem pio.

Queria saber o que tem?
Tem dentes que dão arrepio,
a cauda que vai mais além...
E não pense em pelo macio,

pois a pele dura ele tem...
E é do dinossauro parente...
E ele nada e nada tão bem!

É assim, assim ele é,
esse bicho tão diferente,
que chamamos de jacaré.

O RINOCERONTE

Ele é menor que o elefante,
entre os grandes é o segundo.
Tem um jeito arrepiante
de meter medo no mundo!

Mas é bom, bem lá no fundo,
é de paz esse gigante.
Quando fica furibundo,
é sempre coisa de instante.

Seu nome: rinoceronte,
um tremendo brutamonte
com dois chifres no focinho,

que só come erva rasteira,
ouve bem e tudo cheira,
porque enxerga tão pouquinho...

O LEÃO

Anoitece, e o rugido é assim um trovão,
é feroz e se espalha, a distância é sem fim.
Território ocupado pelo rei leão,
corajoso, valente, majestade, enfim.

Sua juba é o sol, sua cor o clarão,
suas garras, seus dentes, o rei é assim,
tem a força de um deus, a força de um vulcão.
Abram alas ao rei, anuncia o clarim.

As leoas protege, protege o leão
que é ainda pequeno, e é brincar o que sabe.
Anoitece, e o rugido em limite não cabe.

Sua juba é o sol, sua cor o clarão,
é o mais forte de todos, é forte demais.
O leão é o rei, o rei dos animais!

Copyright © 2010 de texto *by* Luís Ernesto Lacombe
Copyright © 2010 de ilustração *by* Ana Terra
Copyright © 2010 desta edição *by* Escrita Fina Edições

Todos os direitos reservados e protegidos pela Lei 9.610, de 19 de fevereiro de 1998. É proibida a reprodução total ou parcial sem a expressa anuência da editora.

Grafia atualizada segundo o Acordo Ortográfico da Língua Portuguesa de 1990, em vigor no Brasil desde 1º de janeiro de 2009.

Coodernação editorial: Laura van Boekel
Editora assistente: Carolina Rodrigues
Editora assistente (arte): Luíza Costa
Capa e projeto gráfico: Carolina Kaastrup | Studio Creamcrackers

CIP-Brasil. Catalogação na fonte.
Sindicato Nacional dos Editores de Livros, RJ

L146e

Lacombe, Luís Ernesto
E aí, bicho? / Luís Ernesto Lacombe. — Rio de Janeiro: Escrita Fina, 2010.
24p. : Il. — 1ª ed.
Isbn 978-85-63877-05-5
1. Poesia infantojuvenil brasileira. I. Título.
10-4473   Cdd: 028.5   Cdu: 087.5

Escrita Fina Edições
[marca da Gráfica Editora Stamppa Ltda.]
Rua João Santana, 44 / Ramos
Rio de Janeiro, RJ/21031-060
Tel.: (21) 3833-5817
www.escritafinaedicoes.com.br
Printed in Brazil/Impresso no Brasil

2ª edição – dezembro de 2014
Impressão – Gráfica Stamppa